ernst jandl
poetische werke

ernst jandl
poetische werke 2

ernst jandl
Laut und Luise
verstreute gedichte 2

luchterhand

herausgegeben von klaus siblewski

1. auflage 1997

© 1997 luchterhand literaturverlag gmbh, münchen
foto des autors: werner bern
druck und bindung: wagner, nördlingen
alle rechte vorbehalten. printed in germany
isbn 3-630-86921-1

Laut und Luise

1   mit musik

blüh

luft
blüh kuckuck
schmetterling

maus
in kellern
zitternd
bleiche

schmettere
trompeten

fröhlich
specht
in herzen

chanson

l'amour
die tür
the chair
der bauch

the chair
die tür
l'amour
der bauch

der bauch
die tür
the chair
l'amour

l'amour
die tür
the chair

le tür
d'amour
der chair
the bauch

le chair
der tür
die bauch
th'amour

le bauch
th'amour
die chair
der tür

l'amour
die tür
the chair

am'lour
tie dür
che thair
ber dauch

tie dair
che lauch
am thür
ber'dour

che dauch
am'thour
ber dür
tie lair

l'amour
die tür
the chair

andantino

ein andantino schneidet sich ein stück wurst vom finger und füttert damit seinen turteltauben hund. wenn der turteltaube hund von geburt an ohne gehör ist, nimmt er die speise dankbar entgegen. andernfalls erinnert er sich bei ihrem anblick möglicherweise an eine grammophonplatte. diese unannehmlichkeit kann das andantino sich und seinem turteltauben hund, sofern dieser ans grammophonspiel gewöhnt war, dadurch ersparen, daß es den turteltauben hund vor der fütterung umstülpt. die hündische turteltaube ist mit körnern zu füttern.

ohren im konzert

der pianist läßt seine finger in die flasche rinnen, die ein klavier ist, und die flasche spritzt die finger als kölnischwasser in die ohrengalerie. die ohren aber haben keine feinen nasen. daher lassen sie das kölnischwasser in die ohrenständer rinnen, die innen hohl sind bis zu den plüschpolstern, auf denen sie als tiefe brunnen sitzen, und gähnen einander in den mund.

pi
  ano
  anino
  anissimo

pi
pi

o
  nano
  nanino
  nanissimo

o
pi

canzone

ganz
ganz
     ohne

völlig beraubt

canzone

ganz
ganz
     ohne

völlig beraubt

etüde in f

eile mit feile
eile mit feile
eile mit feile
durch den fald

durch die füste
durch die füste
durch die füste
bläst der find

falfischbauch
falfischbauch

eile mit feile
eile mit feile
auf den fellen
feiter meere

auf den fellen
feiter meere
eile mit feile
auf den fellen

falfischbauch
falfischbauch

eile mit feile
auf den fellen
feiter meere
feiter meere

falfischbauch
falfischbauch
fen ferd ich fiedersehn
falfischbauch
falfischbauch
fen ferd ich fiedersehn
fen ferd ich fiedersehn
falfischbauch
fen ferd ich fiedersehn
falfischbauch
falfischbauch

ach die heimat
ach die heimat
fen ferd ich fiedersehn
ist so feit

calypso

ich was not yet
in brasilien
nach brasilien
wulld ich laik du go

wer de wimen
arr so ander
so quait ander
denn anderwo

ich was not yet
in brasilien
nach brasilien
wulld ich laik du go

als ich anderschdehn
mange lanquidsch
will ich anderschdehn
auch lanquidsch in rioo

ich was not yet
in brasilien
nach brasilien
wulld ich laik du go

wenn de senden
mi across de meer
wai mi not senden wer
ich wulld laik du go

yes yes de senden
mi across de meer
wer ich was not yet
ich laik du go sehr

ich was not yet
in brasilien
yes nach brasilien
wulld ich laik du go

weltgebräuche

heller himmel
in diesem abgrund

auf lippen schweben
auf grauen haaren

ein fremder zweig
ohne gärtners hilfe

donnernde posaunen
mit tränendem gesicht

volkes stimme

die mutter und das kind

üch
wüll
spülen

      spül düch
      meun künd

die tassen

bette stellen sie die tassen auf den tesch

                                          perdon

    stellen sie die tassen auf den tesch

                                          perdon

        die tassen auf den tesch

                                          perdon

              auf den tesch

                                          perdon

nöhmen

nöhmen

nöhmen sö söch

nöhmen sö söch eune

nöhmen sö söch eune tass

              eune tass

                      donke

                      donke

eun stöck zöcker

zweu stöck zöcker

dreu stöck zöcker

        donke

        zörka zweu stöck

        zöcker

follen

follen

hüuntergefollen

        auf dön töppüch

                neun

                nur dör hönker üst wög

      pördon

bötte bötte

16 jahr

thechdthen jahr
thüdothdbahnhof
thechdthen jahr
wath tholl
wath tholl
der machen
thüdothdbahnhof
thechdthen jahr
wath tholl
wath tholl
der bursch
wath tholl
der machen
wath tholl
wath tholl
der machen
thechdthen jahr
thüdothdbahnhof
wath tholl
der machen
der bursch
mit theine
thechdthen jahr

bäää
daaa
wuallitzaaa
bäää
daaa
wuallitzaaa
haun
schünkint
haun
schünkint
haun
schünkint
wuallitzaaa
wuallitzaaa
bäää
daaa
wuallitzaaa
bäää
daaa
haun
schünkint
haun
schünkint
haun
schünkint
haun
schünkint
haun
schünkint
wuallitzaaa
bäää
daaa
baaa

doixannda
waast
doixannda
maanst
wwoadadea
doixannda
maanst
wwoadadea
wwoadadea
füü
wwoadadea
füü
doixannda
waast
doixannda
wwoadadea
maanst
wwoadadea
füü
wwoadadea
füü
maanst
wwoadadea
füü
doixannda
maanst
wwoadadea
füü
füü
gressarois
maanst
wwoadadea
füü
gressarois
gressarois
maanst
wwoadadea
füü

doixannda
waast
doixannda
maanst
wwoadadea
füü
gressarois
füü
gressarois
füü
füü
gressarois
wwoadadea
füü
maanst
wwoadadea
füü
gressaroisiii
doixannda

doodngroowaaaaaaaaaa
in määne sokkn
sann dmottn
i schbias
bisindbaaaaaaaaaaaaaa
doodngroowaaaaaaaaa
bisindbaaaaaaaaaaaaa
schbiiri dmottn
din määne sokkn
saaa
doodngroowaaaaaaaaa

doode
schbrooooochn
doode
schbrooooochn
graaanzgrid
ladään
slirchenkaaawisch
doode
schbrooooochn
doode
schbrooooochn
graaaaaaaaaan
graaaaaaaaaan
graaaaaaaaaan
ooowa
swiad
nimma
innda
frrua

tohuwabohu

hu
—
bo
—
hu
—
bo
—
hhu
—
bo
—
otto
—
bo
—
ottto
—
bo
—
ohoo
—
bo
—
o

babba
babba
toobaba
toobaba
tohuubaba
tohuubaba
tohuwaababa
tohuwaababa
tohuwaboobaba
tohuwaboobaba
tohuwabohuubaba
tohuwabohuubaba
tohuwaboobaba
tohuwaababa
tohuubaba
toobaba
babba

ooha
ooha
ooha
—
uhu
—
ohoo

tot
tut
tat
tot
tu

totuuutatotu
totutaaatotu
totutatoootu
toootutatotu

tut tut
—
tut tut
—
tut tut
—
tut tot
—
hut ab
—
hut ab
—
hut ab

o
oo
ooo
oooo
ooooo

a watta
a watta
a watta

koots

settket ekk
settket ekk
kee ekko
kee ekko
settket ekk
settket ekk
kee ekko
kee ekko
settket ekk
settket ekk
e klees ekko
e klees ekko
keeeeets
keeeeets
etts keets
etts keets
kooooots
kooooots
ett kett koots
ett kett koots
e koots ekko
e soo e koots ekko
sootl koots

talk

blaablaablaablaa
blaablaablaa
blaablaablaablaa
blaablaablaa
bäbb
bäbb
bäbbbäb
bäbbbäbäb
bäbäbbb
bäbb
bäbb
bäbbbäb
bäbbbäb
bäbäbäbbb
blaablaablaablaa
bäbb
bäbb
bäbbbäb
blaablaablaa
bäbäbbb
bäbb
bäbb
bäbäbbb
bäbb
bäbb
bäbbbäb
bäbäbbb
blaablaablaablaa
bäbäbbb

3   krieg und so

ode auf N

lepn
nepl
lepn
nepl
lepn
nepl
o lepn
o nepl
nnnnnnnn
lopn
paa
lopn
paa
o nepl
o lepn
plllllll
lepn
plllllll
lepn
plllllll
nepl
lepn
plllllll
lopn
paa
noo
paa
noo
papaa
noo
nonoo
nononoo
nonononoo
paa
pl
paa
pl
pl pl
ononn
onononn
ononononn

lepn
eoooo
lepn
eoooo
nepl
ananann
nepl
anananann
eoooo
eoooo
lepn
eoooo
lepn
lepn
eoooo
eoooo
eooooooo
nnnnnnnnnnnnn
plllllllllll
pl
na
naaa
naaaaaaa
naaaaaaaaaaaa
naaaaaaaaaaaa
naaaaaaaaaaaa
pooleon
pooleon
poleeeon
pooleon
poleeeon
naaaaaaaaaaaa
pooleon
poleeeon
naaaaaaaaaaaa
poleeeon
poleeeon
naaaaaaaaaaaa
pooleon
poleoooon
pooleon

poleoooon
naaaaaaaaaaa
nanaa
nanaa
nananaa
nanananaa
naaaaaaaaaaa
poleoooon
naaaaaaaaaaa
pooleon
pooleon
poleeeon
poleeeon
poleeeon
poleooon
poleooon
ooooon
ooooon
ooooon
IIIIIIIIIIIIIIIIIIIIIIIIIIIII

treidelweg

beinsammler
beil beil
bauchsammler
lilie lilie
berme

der aus zwei köpfen bestehende
gründer einer volkshochschule
mit einer art bürste an der unterseite

apulien

sakrale umzüge auf den feldern
können durch biß übertragen werden
um abrutschen zu verhüten

beil beil
berme

agnes bernauer
schöne baderstochter
stockduft stark wirksam
periodischer komet
maischbottich

lilie lilie

auch preußische reiter
vernegerten

wie fast

wie fast
wie bitter
wie kaum

sollen wir aus anderen
sollen wir aus entfernten
sollen wir aus fremd

wie fast
wie bitter
wie kaum

können das alles überhaupt
können das alles unbesorgt
können das alles hier

wie fast
wie bitter
wie kaum

sind schon versamm
sind schon vollzähl
gehen schon

wie bitter
wie kaum

wien : heldenplatz

der glanze heldenplatz zirka
versaggerte in maschenhaftem männchenmeere
drunter auch frauen die ans maskelknie
zu heften heftig sich versuchten, hoffensdick.
und brüllzten wesentlich.

verwogener stirnscheitelunterschwang
nach nöten nördlich, kechelte
mit zu-nummernder aufs bluten feilzer stimme
hinsensend sämmertliche eigenwäscher.

pirsch!
döppelte der gottelbock von Sa-Atz zu Sa-Atz
mit hünig sprenkem stimmstummel.
balzerig würmelte es im männechensee
und den weibern ward so pfingstig ums heil
zumahn: wenn ein knie-ender sie hirschelte.

schtzngrmm
schtzngrmm
t—t—t—t
t—t—t—t
grrrmmmmm
t—t—t—t
s————c————h
tzngrmm
tzngrmm
tzngrmm
grrrmmmmm
schtzn
schtzn
t—t—t—t
t—t—t—t
schtzngrmm
schtzngrmm
tssssssssssssss
grrt
grrrrrt
grrrrrrrrrt
scht
scht
t—t—t—t—t—t—t—t—t
scht
tzngrmm
tzngrmm
t—t—t—t—t—t—t—t—t
scht
scht
scht
scht
scht
grrrrrrrrrrrrrrrrrrrrrrrrrrrrr
t—tt

hauuuuuuuuuuuuuuuuuuuuuuuuuu
se
jja
wooooooooooooooooooooooooooo
l
s———————c———————h
önn
wärsss
hauuuuuuuuuuuuuuuuuuuuuuuuuu
se
jja
abbb
grrrrrrrrrrrrrrrrrrrrrrrrrrrrrrrrrrrrrrrrr
daddda
daddda
dadddaddadda
jja
loiiiiiiiiiiiiiiiiiiiiiiiiiiiiiiiiiiiiiiiiiiiiiiiiiiiiiiiii
se
immm
pullooooooooooooooooooooooooooo
wwa
jja
woll

```
        onkel toms hütte
         nkel toms hütt
          kel toms hüt
           el toms hü
            l toms h
             toms
            sssssss
aaaaaaaaaaaaaaaaaaaa
              t
               o
              t
               o
                m
              t
```

fragment

wenn die rett
es wird bal
übermor
bis die atombo
ja herr pfa

feuer
in welchem
im feuer

in welchem feuer
im feuer

welken
in welchem
im feuer

in welchem feuer
im welken

feuer
in welchem
im welkenden

in welchem welkenden
im feuer

feuer
im welk
enden

in welchem welk
im feuer

```
die tränen
              d
sind
              er
die tränen    ind
              erin
sind
              derfr
die tränen    anzösi
              ndesmäd
sind
              chensaus
die tränen    kölndersc
              hwarzengöt
sind
              tinvomunter
die tränen    ennil
```

falamaleikum
falamaleitum
falnamaleutum
fallnamalsooovielleutum
wennabereinmalderkrieglanggenugausist
sindallewiederda.
oderfehlteiner?

4 doppelchor

```
    g                    o                          tt

                         p

                         q

                         r

          adam s
     ripp    e                    a
          dam
      ipp    et
          am            a     d
      pp    e
          m u
       p    e      a     d          a

              eva      d     a      m
```

doppelchor

es mann spielst unser frauen mit nur schilfharfe
gehst ans fingerspitzen und vorbei es.
es frau spielst unser männer mit nur klarinettich
knopfst an und bläst ein immer lied aus es.
es mann spielst unser frauen mit nur momentharmonika
sperrst um und pfeifst schlüsselrüssel.
es frau spielst unser männer mit nur es violinerin
stellst an diriganten hin und wickelst den orchaster aus.

sieben kleine geschichten

es war einmal ein mann, der hieß THOMAS. dieser beugte sein knie. »wie du dein knie beugst«, sagte die frau. »und ob«, erwiderte der mann, »es regnet weiß ich nicht.«

es war einmal ein mann, der hieß JAKOB. »entschuldigung«, sagte dieser zu der frau, »aber du bist schmutzig.« »wohin?« fragte die frau.

»nicht so hastig. nicht so hastig. nicht so hastig«, sagte die frau zu dem mann, der ZEBORIUS hieß. »hast«, erklärte ZEBORIUS der frau, »du mich lieb?«

es war einmal ein mann, der hieß NEPOMUK. diesen fragte die frau: »wieviel uhr ists? wieviel uhr ists?« »halb«, sagte NEPOMUK, »ich dir nicht gesagt du sollst deine finger davon lassen?«

es war einmal ein mann, der hieß THADDÄUS. diesen fragte die frau: »was für eine farbe hat es?« »grü«, sagte THADDÄUS bescheiden, »ßgott.«

»warum denn? warum denn? warum denn? warum denn?« fragte die frau den reichen JONATHAN. »damit«, gab der reiche mann zur antwort, »kannst du nicht umgehen, frau.«

es war einmal ein mann, der hieß PETER. »wieviel uhr ists? wieviel uhr ists? wieviel uhr ists?« fragte diesen die frau. »ach«, sagte PETER traurig, »t.«

flichtinge begegnung

augn
    ins
augn
    ins
augn
    ins
       o frau was willt du
       hier auf der straßn
       und mitn großngroßn
augn

dER RITTER

Eln woRT adEIT sEInE buchsTabEn

sIE dEn RITTER mIT IhR fahREn bITTE sIE
ER jETzT schlafEn odER RodEln gEhE ER
sIE hIER zImmER zu vERmIETEn sEIEn sIE
ER jETzT schlafEn odER RodEln gEhE ER

sIE dEn RITTER IhR Tod nIchT sEIn bITTE sIE
ER hElfEn ER wollE habE gEwollT wERdE hElfEn wollEn ER
sIE dEn RITTER IhR hERz schlagEn fühlEn bITTE sIE
ER hElfEn ER wollE habE gEwollT wERdE hElfEn wollEn ER

sIE ER sIch nIchT zu schämEn bRauchE sIE
ER am lIEbsTEn schlafEn odER RodEln gIngE ER
sIE EIn vERgnügEn ERwaRTEn auch EIn vERgnügEn sEI sIE
ER am lIEbsTEn schlafEn odER RodEln gIngE ER

sIE Ihn laufEn sEhE Ihm bauEn hElfE sIE
sIE das wERk wEITER blühEn und gEdeEIhEn mögE sIE
sIE aaaaaaaaaaaaaaaaaaaaaa EIn RITTER EIn RITTER sEI sIE
ER Es Ihm EInE angEnEhmE pflIchT IhR füR IhRE wERT-
   vollE mITaRbEIT sEInEn bEsTEn dank ETc ETc sEI ER
dER RITTER

so
hilde
und so

hilde
so
und so

so
und so
hilde

und so
hilde
so

```
du warst zu  mir  ein  gutes mädchen
    worst zo  mür eun gotes mödchen
du warst zu  mir  ein  gutes
          zo  mür eun gotes mödchen
du warst zu  mir  ein
             mür eun gotes mödchen
du warst zu  mir
                 eun gotes mödchen
du warst zu
                     got    mödchen
du warst
        zo mür
        zu            gut
                           mödchen

    worst zo         got
        zu
            mür
```

5   autors stimme

jee

―

suss
g
g
kc————————h
ommmmmmmmm
h————————h
jeeeeeeeeeeeeeeeeeeeeeeeeeeeeeeeeeeeeeeee

―

suss
komm
kommmm
kommmmmm
kommmmmmmm
hrrrrrrrrrrrrrrrrrrrrrrrrrrrrrrrrrrrrrrrrrrrrrrrrrrrrrrr
herrrrrrrrrrrr
jeeeeeeeeeeeeeeeeee eeeeeeeeeeeeeee eeeeeee

―

suss

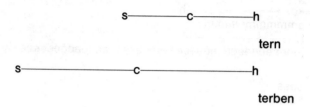

blammmmm
abel
abel
abel
abel
abel
abel
blammmmm
irt
irt
irt
irt
irt
abel irt
abel irt
abel
abel
abel irt
blammmmm
abel irt
asch
blammmmm
asch
abel
irt
asch
as—c—h
as——c——h
as———c———h
as———c———h
as————————c—————h
abel
ibel
abel
ibel
abel
ibel
abliblabliblabliblablibla
mmmmmmmmmmmmmmmmmmm

glllllllllllllllllllllllllli
gllllllllllllllllllllllllla
urglurglurglurgllllllllllllllllllllllllllllllll
iiiiiiiiiiiiiiiiiiiiiiiiiiiiii
onglonglonglonglonglonglonglong
baaaaaaaaaaaa
uuuuuuuuuuu
lllllllllllllllllllllllllllllll
 bi
 u
 a
   i
 u
 o
 bi
 u
 a
iiii
urglurglurglurgllllllllllllllllllllllllllllll
bababab a
i
uuuuuuu
weißt

```
    i
   ch
  b
   i
    n

ow
ow

      w
       ooo

    i
   ch
  b
   i
    n

   dnu
    du
   dnu
    du

      und

      ass

    i
     u
     a

    i
     u
     a

      tuu
      tuu

    ch
    ch
    wwwwwwww
    siehtmirgottmeinvaterzu
```

leeeeeeeeee
          rrra
leeeeeeeeee
          rrra
le
  rrra
le
  rrra
le
  rrra
lerrra

              und

                 ein

              und ein
              und ein und

                 ein

                      ekze
                      ekze
                      ekze
              mmmmmmmmmmmm
                      ekze
              mmmmmmmmmmm
leeeeeeeeeeeeeeeeeeee
                 rr

              und
                 ein aaaaaaaaaaaaaaaaaa
                              rrr
                                z t
                              a
                              rrrrrr
                                z t
                    ekze mmmm

        unts————c————h

                              üler

rrreeeeeeeeeee
              d
              de
              den
              de
rrrrrrrrrrrrrrrrrrr
              dende
                    rrrr
              dende
                    rrrrd

        ENDE

                        szn rrmmm
                        szn rrmmm
                        szn rrmmm
                        siiiiiiiiiiiiiiiiiiiiiiiiiiiiiiiiiii
                          zn rm
                          zn rm

                                    heeeeeeeeeeeeeeeeeeeeee

rrummmm
                        si
                          zen
                              de

                                            reden
                                            eden
                                             den
                                            eden
                                            reden
                                            eden
                                             den
                                            eden
                                            rrrrrrrrrrrrrrrrrr

                                                        e e

mein

   z   z   z   z   z   z   z   z   z
                                                          immer

                        liegt

süüüüüüüü
        dwärts

              die
nac————h
       t
            darin

   tr   tr   tr   tr   tr   tr   tr   tr   tr
                                                        aumlo
                                                            s

6 kleine erdkunde

amsterdam

1
die haus stiehlst zum mütze.
an wäre kalten die fagott.
den türe schneidest vors apothekerin.
ob würde nassen das flöte.

2
der schwesterchen klapptet die löwe
schief zur veilchen kleines kuckuck.

3
ein männer kittest in bord
was frosch vorn des zifferblatt
zum poliertes biene.

4
ans abend salziges fürs polizist
blättertest das birne auf die profilschmalz
zu an ob treffen amsterdam die vogel
das turm des frau sträubtest zum sonne.

niagaaaaaaaaaaaaaaaa

ra felle

niagaaaaaaaaaaaaaaaa

ra felle

bericht über malmö

l
m
ö
m
a
öl
m
öl
mal
öl
m
ma
l
lö
öl
lamm
mal
lamm
öl
lö
lamm
mal
lamm
mal
öl
l
m
l
am
öm
ma
lö
mal
am
lamm
mal
am
öl
mal
am
öl
mal
lamm
mal

am
öl
lamm
mal
am
lamm
öl
lö
m
l
m
ma
am
alm
am
alm
mal
öl
am
alm
mal
lamm
am
alm
mal
am
lamm
alm
mal
am
öl
alm
mal
lamm
mal
öl
mal
alm
mal
lamm
öl
mal
alm
mal

öl
lamm
mal
alm
mal
lamm
mal
öl
alm
mal
lamm
alm
mal
öl
mal
lamm
öl
alm
mal
alm
öl
lamm
mal
öl
alm
lamm
mal
alm
lamm
öl
lö
m
l
m
ö
mö
mal
mö
ö
mö
mal
mö
ö
mö

mal
mö
mal
mö

prosa aus der flüstergalerie

england ist niedrig und grau. alles ist in england niedrig und grau. aber alles grau in england ist grün, und das ist das wunderbare. alles ist in england niedrig und grau. aber alles niedrige sind anker des himmels über england. das ist das wunderbare.

england ist. das ist seine geschichte. das ist englische geschichte. england ist niedrig und grau ist nicht seine geschichte, sondern das wunderbare. das ist das wunderbare an seiner geschichte.
england ist. nicht elisabeth I nicht hans ohne land nicht attlee nicht knut nicht löwenherz sind seine geschichte. england ist ist seine geschichte. englische geschichte. alle andern sind ein herzloser kreislauf.

grün ist das englische grau. und was für ein grün. blau [und was für ein blau] ist das grau des grünen himmels auf england. rot ist das grau des blauen grüns der rot-roten briefkastensäulen an den ecken, und die gärten sind [und was für gärten erst] gartengrau in allen grau-arten – in rot-rot grünen und gelbgrauen gartenfrühlingen.

zum sommer geht ein herbstweg, und ein mann macht aus runzeln einen herbstmann, der sommer macht aus einem mann runzeln, und der herbst macht aus runzeln einen weg für den mann. zum sommer geht jetzt nur noch ein herbstweg, der mann aus runzeln hat mit runzeln gerechnet, aber die mädchen sind soviel schminke wie blätter an der herbsthand, und das ist viel, besonders in der allee.

sie sind ein englisches mädchen ist ein gedanke, keine mögliche anrede. aber man denkt auf distanz. also denkt man auf distanz: sie ist ein englisches mädchen.
sie ist ein englisches mädchen ist ein gedanke, keine mögliche anrede. denn man redet ja nicht, man denkt nur. sie ist ein hübsches englisches mädchen ist ein hübscherer gedanke.

england ist nicht ein enges land, doch es hat seine maschen. diese breiten sich über das land wie ein fischnetz. es ist das weiteste fischnetz, von dem man sagen kann: es hat seine maschen, seine ordnungen. die schnüre sind pünktlich geknüpft, aber nicht gespannt. auch die heringe haben das leben vor den augen und kämpfen darum. england ist nicht ein enges land. aber es hat wenig spiralen.

ein berg ist ein wirklicher berg nur als einsamer fisch. ein einsamer fisch unter einsamen fischen: sie halten einander an den flossen, aber sie reiben nie ihre schultern aneinander, und sie schnuppern auch nicht. ihre münder sind nicht geölt, ihre augen sind trocken, ihre sprache ist die zeichensprache der einsamkeit, dürres eis, abwartendes geröll, stein bei steinen.

der tourist kauft sich eine eintrittskarte ins museum der alpen, wo das stochern erlaubt ist, und einen katalog in seiner sprache. im museum setzt der tourist seinen katalog auf wie eine brille, steigt auf einen ausgestellten berg und durchstochert mit unerklärlichem erfolg den rücken dieses fisches. in der pendeluhr, die er mit sich herumträgt, ist der tourist ein gutfunktionierendes pendelndes edelweiß, dem links genausoviel bedeutet wie rechts, zwischen der bank von england und einer luftigen pfund-sterling-wiese. seinen freunden aber zeigt er seinen alpenstock.

das bisherige england war eine rose oder eine hutschachtel. jetzt aber teilen sich die wege, und unter den hufen der spaziergänger kracht es wie perlen. die spaziergänger sind sehr zerstreut, aber auch eine zähe masse. ein klebstoff, mit dem man die zerbrochene teetasse zusammenleimen kann.
die perlen krachen weiter, je weiter die spaziergänger sich entfernen, und je weiter die spaziergänger sich entfernen und die perlen unter ihren hufen krachen, um so aufgeregter werden die gesten der pappeln. an den heißgelaufenen gittern, die in turnhosen rund um gärten für die meisterschaft trainieren, zischt eidechsenzüngiger flieder.
wenn die teetasse bricht, hängt sich vielleicht an den sprung des behobenen schadens eine erinnerung und befestigt dort einen henkel.

das bisherige england war eine rose als trabant einer hutschachtel. aber auf der mausgrauen haut des herbstgewordenen grafen, der als hunderte umgekippte eiserne sessel am rand des künstlichen sees den hyde-park-winter durchkniete, öffnen die märzturbinen ihre gierigen schnäbel. reporter tauchen auf, die ausgehungerten kameras an der leine, und erwarten den aufstand der massen des grases. wir sind die ersten klarinetten dieses frühlings, sagt eine amsel zu ihrer amsel.

das bisherige england war ein hut ohne dornen, eine rose in der schachtel. aber was wären alle fernsehtürme, die ihre hutnadeln an den horizont stecken, hätten die rostroten hundewalzen aus wales für kuhfüße keine zähne mehr. so werden die beine der besitzer der rostroten hundewalzen aus wales und die untersten beine der frauen der besitzer der rostroten hundewalzen aus wales kuhfüße, und werden kuhfüße werden, solange die rostroten hundewalzen aus wales zähne besitzen. haben sie keine angst, er knabbert nur. das erklärt den gebrauch der rostroten hundewalzen in wales wo es kühe gibt.

churchill lief nach vorne und
stolperte über seine hände.

churchill saß als churchill im mantel neben seiner frau frau churchill im theater und schaute ins theater. churchill im mantel saß noch nicht im mantel neben seiner frau frau churchill im theater und schaute ins theater, als er durchs tor des theaters ins theater schaute und ging und durchs tor und durchs tor zwischen bücklingen und durch den gang und durchs tor neben seiner frau frau churchill aber durchs enge tor vor seiner frau frau churchill und durch den gang zwischen bücklingen durchs theater ging und ins theater schaute, während die herren und die damen und die jugend nicht mehr saßen weil sie nicht wußten daß churchill im mantel neben seiner frau frau churchill ins theater kam und schaute sondern standen weil sie sahen oder gesagt bekommen hatten und daher alle wußten daß churchill im mantel neben seiner frau frau churchill durchs tor des theaters ins theater geschaut hatte und gegangen war und durchs tor und durchs tor zwischen bücklingen und durch den gang und durchs tor neben seiner frau frau churchill aber durchs enge tor vor seiner frau frau churchill und durch den gang zwischen bücklingen durchs theater gegangen war und ins theater geschaut hatte und jetzt gerade jetzt im mantel neben seiner frau frau churchill durch den gang zwischen den sitzen rechts und links auf denen die herren und die damen und die jugend gesessen waren die jetzt standen und mit den händen klatschten nach vorne ging und sich in der vierten reihe rechts links neben seiner frau frau churchill im mantel niedersetzte und sich umdrehte bevor er sich links neben seiner frau frau churchill im mantel niedersetzte und die herren und die damen und die jugend die standen und mit den händen klatschten mit seinem zeichen das ein sieges-vau auf zwei fingern ist grüßte. dann saß churchill als churchill im mantel und nicht als sir winston noch nicht als sir winston neben seiner frau frau churchill im theater schaute ins theater und die vorstellung begann.

das bisherige england war eine niere ohne reh, eine ente ohne xylophon, eine irrfahrt ohne schnecken. seit drei tagen tanzen jedoch mehrere siebzehn tennisbälle auf ihren kleinen filzigen zehen und verlieren da und dort eine zitrone. von nah und fern kommen die golfschläger, die beichtgelegenheiten und die kniewärmer, um dieses schauspiel zu betrachten.

jeder engländer hat eine form. daher haben verschiedene engländer verschiedene formen, viele engländer haben viele formen, und alle engländer haben gewiß nicht alle formen aber viele. gewisse engländer haben gewisse formen, und verschiedene engländer haben viele und viele haben viele verschiedene, verschiedene gleiche und verschiedene verschieden viele. viele engländer haben umgangsformen, hutkrempen und nagelschmutz, mückenstiche, kinnhaken, und verschiedene eine gürtelrose. viele haben nasen. viele nasen haben an verschiedenen engländern verschiedene formen aber eine einzige formel: taschentuch. vier verschiedene engländer haben an verschiedenen tagen vier nasen aber eine einzige formel: taschentuch. ein einziger engländer hat viele verschiedene nasen in einer einzigen formel, aber nur eine einzige nase in der formel: taschentuch. so hat jeder engländer formeln. daher haben verschiedene engländer verschiedene formeln, viele engländer haben viele formeln, und blaue engländer haben gewiß nicht alle blaue formeln aber viele. so haben alle engländer viele verschiedene formen und formeln, aber während kein einziger engländer die gleichen formen hat als ein einziger engländer, haben von allen engländern alle von den vielen verschiedenen formeln alle von allen engländern eine einzige alle: ein halbierter doppelter ist ein ganzer. ein halbierter doppelter engländer ist ein ganzer, und welcher engländer wäre kein engländer als ein ganzer, also welcher engländer wäre kein halbierter doppelter als ein engländer und als ein ganzer? viele engländer haben umgangsformen, hutkrempen und nagelschmutz, mückenstiche, kinnhaken, und verschiedene eine gürtelrose. aber welcher engländer wäre nicht eher ein halbierter doppelter als kein ganzer? also haben alle engländer von den vielen verschiedenen formeln von allen engländern eine einzige alle: ein halbierter doppelter ist ein ganzer. ein verdoppelter halbierter ist ebenfalls ein ganzer und keine ausnahme die die regel bestätigt. ein halbierter dreifacher ist ein ganzer und ein halber, aber keine ausnahme die die regel bestätigt. ein halber ist aber kein engländer sondern ein ganzer. also ist ein halbierter dreifacher nur ein einziger engländer und ein halber. ein halber ist aber kein engländer. ein verdoppelter halbierter dreifacher hingegen ist dreimal ein ganzer. so stehen die engländer im wirtshaus und haben nasen.

london ist eine zahnpastatube. darum bringen die besucher ihre zahnbürsten mit. london ist eine zahnpastatube, die bei dem einen auf einem porzellanbett ruht und über die der andere stolpert, wenn er auf den fingerspitzen im mistkübel spazieren geht.
aber alles glück hat grenzen, und aus den duftgrüften der parfümerien steigen zahnpastamumien in tuben, von denen keine tube london ist.
die bäcker haben weiße hände, die bauern haben den samen dafür, aber der pflasterakrobat will sich garnicht aus der kette befreien, sondern münzen aus den geizkrägen ziehen, indem er sich immer fester in seine eiserne riesenschlange wickelt. adam kannte dieses kunststück, legte sich aufs bügelbrett und trocknete den schweiß seines ange-

sichts. heiß muß er werden, sagen die geizkrägen, in denen die kupfermünzen zu goldklumpen und bierflaschen schmelzen, heiß muß er werden, bis seine ketten verdampfen. aber alles glück hat grenzen, die gebisse der lastschiffe kauen altes themsewasser, ein autobus kann hüpfen, und brücken klappen auf.

ein zusammenstoß, unter dem ein kind liegt, ist eine möwe, die dem roten dekan einen weiß-grauen frieden predigt. aber nicht alle fahrzeuge sind beflügelt, auch nicht die hageren. ihnen spielen die knochen den marsch, die blechernen schwingen die blechmützen, die fleischigen rollen den fleischball. wenn es dann zum zusammenstoß kommt, liegt ein kind unter jedem löschblatt, aber der rote dekan sagt, es ist nur ein fettfleck, und betet weiter mit den ellbogen. die möwen wohnen in eckigen zimmern und verschließen vor der nacht ihre augen mit kaugummi.

die meisten baumeister sind baumeister wie die meisten. aber einige baumeister sind baumeister wie wenige baumeister. das sind ungewöhnliche baumeister. die meisten baumeister wollen möglichst viel bauen. das sind die gewöhnlichen baumeister. das sind die meisten. einige baumeister bauen am meisten. das sind die erfolgreichsten baumeister. das sind die reichsten. die wenigsten baumeister wollen überhaupt nichts bauen. das sind die ungewöhnlichsten baumeister. die zitronenbäume blühen keine zitronen. auch sind die zitronen keine baumeister. und doch haben die meisten leute schon limonade getrunken, denn limonade ist mit architektur vereinbar. nur die wenigsten baumeister kennen keine zitrone oder wollen überhaupt nichts bauen. aber die zitronenbäume sind am eifrigsten. nur blühen die meisten baumeister keine zitronen. aber die meisten baumeister sind auch keine zitronenbäume. aber auch die zitronenbäume blühen keine zitronen. man hört oft sagen, england sei eine große violette zitrone in einer hutschachtel fünf meter neben einem baumeister, und london sei die zahnpastatube dieser violetten zitrone.

die kurzen jünglinge halten die köpfe unter die schwebenden magnetischen bärenfellmützen, die erde saugt sich an ihren fußsohlen fest, die schwebenden magnetischen bärenfellmützen ziehen an den kurzen jünglingen von oben aufwärts, die mütter der kurzen jünglinge sagen erfreut: er ist doch nicht so antimagnetisch, und die bärenfellmützen ziehen die jünglinge von oben aufwärts in die länge, während die fußsohlen der jünglinge briefmarken auf die erde kleben. wenn dann den langgewordenen jünglingen die bärenfellmützen passen, schwören sie einen eid, niemals in die mundharmonika zu spucken, in der der große traurige könig king sitzt, den sie bewachen. daraufhin erlernen die meisten von ihnen das spiel auf der pfennigorgel und hängen ihre mundharmonika ans herz eines trödlers.

eine winzige nasse wasserrose erkletterte die sieben sprossen des mondes. unter der kuppel der sankt pauls-kathedrale flüsterte sie: sind sie die flüstergalerie? ja, flüsterte die flüstergalerie zurück.

drei städte
ein theaterstück in zwei akten
und einem nachspiel

erster akt

lo	[beiseite]	:	ndon
p	[mit sich selbst redend]	:	aris
l	[ihm entgegen]	:	ondon
pa	[langsam vorkommend]	:	ris
lo	[aufstehend]	:	ndon
par	[der dazu kommt]	:	is
lon	[sich einhüllend]	:	don
pari	[beklemmt]	:	s
lond	[verschwindet hinter dem gitter]	:	on
paris	[hält das instrument mit zitternder hand]		
londo	[geht, mit sich selbst kämpfend, auf und ab, bis er losbricht]	:	n
rom	[steigt vom baum]		
london	[stürzt zur erde]		
rom	[ab]		
londo	[deutet nach links]	:	n
paris	[betrachtet ihn mit befremdung und erstaunen und schweigt eine zeitlang, eine starke innere bewegung zeigend]		
lond	[ihm steif in die augen sehend]	:	on
pari	[fortfahrend]	:	s
lon	[leise]	:	don
par	[von außen]	:	is
lo	[mit zeichen des erstaunens]	:	ndon
pa	[äußerst bitter]	:	ris
l	[von innen]	:	ondon
p	[außer sich]	:	aris
lo	[ebenso]	:	ndon

zweiter akt

l-l	[mit sich selbst redend]	:	ondon ondon
pari-pari	[hebt ihn in die höh und küßt ihn]	:	s s
lo-lo	[langsam vorkommend]	:	ndon ndon
par-par	[außer fassung, zitternd]	:	is is
lon-lon	[ihm folgend]	:	don don
r-r	[blickt schüchtern herein]	:	om om
pa-pa	[dringender]	:	ris ris
ro-ro	[sich erhebend und ihm entgegenhüpfend]	:	m m
lond-lond	[zieht sich aus und an]	:	on on
p-p	[der auf ihn zustürzt und seine hand ergreift, die er bis zum ende nicht wieder fahren läßt]	:	aris aris
londo-londo	[drohend]	:	n n
p-p	[küßt ihn]	:	aris aris
lond-lond	[fruchtlos sich loszuwinden suchend]	:	on on
ro-ro	[spielt und singt]	:	m m
pa-pa	[grimmig lachend]	:	ris ris
r-r	[ihm die hand auf die achsel legend, mit einer gewissen feierlichkeit]	:	om om
lon-lon	[der früher spähend abgegangen ist, kommt jetzt eilig zurück]	:	don don
par-par	[vertraulich näherrückend]	:	is is
lo-lo	[kalt]	:	ndon ndon
pari-pari	[ihm ein kleines gemälde zeigend]	:	s s
l-l	[die hand schmerzlich nach der gruppe hinbreitend]	:	ondon ondon

nachspiel

erste szene

london	[auf sie zueilend und ihre hand fassend]	: rondon
rom	[versucht zu antworten, stockt aber und schlägt den blick verlegen zu boden]	
paris	[eine ihrer hände fassend und mit der andern über ihre stirn streichend]	: pondon
london	[huscht fort, mit weit aufgerissenen augen vor sich hinstarrend]	
paris	[sich nähernd]	: pom
rom	[versucht zu antworten, stockt aber und schlägt den blick verlegen zu boden]	
london	[mit tränenerstickter stimme]	: laris

zweite szene

rom		: du gehst ich gehe ja so komm
paris		: wir haben ihn wen meint ihr habt ihr was ists
london		: laß mich geh verrat mich du vergißt dich geh mir aus dem gesicht
paris	[kommt mit einem brief]	
rom		: es scheint er hats
london		: ja meine teuerste

7 kuren

stilton cheese
cureth
warts
wormeth
through needles
calleth
BBC
moist soulful

boooooooooooooooooooooooooo
rrrrrannn
sse
mirrr
dda
ppu
pilllllllllllllllllllllllllllllllllllllllllllllllllll
eaussss
mmi
ttirrrn
booooooooooooooooooooooooo
rrrrra
hrrrrrrr
zzznnnrrtzt

wasser
kalt
wasser
kalt
kaltwasser
wasserkalt
kaltwasserkalt
wasserkaltwasser
kaltwasserkaltwasserkalt
wasserkaltwasserkaltwasser
ka
ku
ka
ku
ka
kur
kur
kur
kur
wasserkaltwasserkaltwasser
kaltwasserkaltwasserkalt
wasser
wasser
wasser
wasser
kalt
kalt
kaltkaltkalt
sebastian
ka
kur
ka
kur
kukuku
ka
kurkurkur
naturnatur so
natur soso
sebastian
wasserheil
kaltwasserheil
kaltwasserheilwasserheil
heilwasserwasserkalt
heilkalt

ka
kur
ka
kur
kukuku
knei
p
p
p
knei
p
p
kneipp sebastian

einganzeslavoireinganzeslavoireinganzeslavoireinganzeslavoi
reinganzeslavoireinganzeslavoireinganzeslavoireinganzesla
voireinganzeslavoireinganzeslavoireinganzeslavoireing
anzeslavoireinganzeslavoireinganzeslavoireingan
zeslavoireinganzeslavoireinganzeslavoir
beschützmichgottvorsovielwasser

bitteschneu
2
3
4
5
6
7
8
9
10
bitteschneu
3
4
5
6
7
8
9
10
bitteschneu
4
5
6
7
8
9
10
bitteschneu
5
6
7
8
9
10
bitteschneu
6
7
8
9
10

bitteschneu
7
8
9
10
bitteschneu
8
9
10
bitteschneu
9
10
bitteschneu
11

drei visuelle lippengedichte

diese gedichte sind gewidmet:
dem schnurrbart von daniel jones,
dem großen englischen phonetiker

das visuelle lippengedicht ist die umkehrung des visuellen papiergedichtes. der rezitator ist das papier des visuellen lippengedichtes. das visuelle lippengedicht wird ohne tonbildung gesprochen. es wird mit den lippen in die luft geschrieben. der ungeübte leser spricht das visuelle lippengedicht vor dem spiegel. beim geübten leser genügt die bewegung des mundes, um den visuellen eindruck des gedichtes entstehen zu lassen. wer visuelle lippengedichte auswendig kann, wird nie mehr völlig erblinden. das visuelle lippengedicht hebt taubheit, stummheit und taubstummheit auf. den blindgeborenen allein vermag es nicht zu erreichen.

1	2	3
ö i u a	m	a
ö i u a	w	ba
ö i u a	m	a
ö	w	ba
i———i	m	f
u	w	i
a	o	ba
a	m	bi
a		ab

8   der blitz

der blitz der in der schlange entsteht
fährt im zickzack aus derselben nieder
wie sich die wolke bewegt

hohe   gegenstände
werte   gegenstände
geehrte   gegenstände
verehrte   gegenstände
erlauchte   gegenstände
sehrgeehrte   gegenstände
sehrverehrte   gegenstände
hochzuverehrende   gegenstände
hochverehrte   gegenstände
hochgeehrte   gegenstände
erlauchte   gegenstände
verehrte   gegenstände
geehrte   gegenstände
werte   gegenstände
hohe   gegenstände

trifft der blitz
solche   die auf freiem plane sich bewegen
berggipfel   die auf freiem plane sich bewegen
türme   die auf freiem plane sich bewegen
bäume   die auf freiem plane sich bewegen

solche reiter
trifft der blitz

schützen nicht
riegel und harnisch
schützen nicht
riegel und harnisch
schützen nicht
riegel und harnisch

ziehen
und wie sie so ziehen
ziehen sie und ziehen sie
und wie sie so ziehen und ziehen
ziehen sie so und so und so und so und so
und ziehen und ziehen und ziehen so und so und so
und wie sie so ziehen und ziehen und so und so und so ziehen
und ziehen und ziehen und ziehen so und so und so
ziehen sie so und so und so und so und so
und wie sie so ziehen und ziehen
ziehen sie und ziehen sie
und wie sie so ziehen
ziehen

riegel und harnisch
den blitz sogar an
schützen nicht
den blitz sogar an
riegel und harnisch
den blitz sogar an

das mädchen bringt blumen und früchte
aus einem glücklichern himmelsstrich

übrrlll
drrrngtrrr
drrrch

übrrlll
drrrngtrrr
drrrch

übrrlll
drrrngtrrr
übrrlll
drrrngtrrr
übrrlll
übrrlll

drrrch
drrrch
drrrch
drrrch

aber besonders gern benützt er für seinen weg
METALL
stein
stein
maur
maur
maur
stiegenhaus
stiegenhaus
stiegenhaus
stiegenhaus
hlz
hlz
hlz
hlz
hlz
aber besonders gern benützt er für seinen weg
METALL

auch
auch kommt
auch kommt er
auch kommt er aus

kommt er
kommt er auch
kommt er aus auch

auch
auch kommt
auch kommt er
kommt er auch aus
er kommt aus

er kommt auch aus
er kommt aus auch
aus kommt er auch
auch aus kommt er
auch er kommt aus

der atmosfäre
der auster
aus der atmosfäre
der auster
aus der auster
der atmosfäre
aus der auster der atmosfäre der auster
aus der atmosfäre der auster der atmosfäre
aus der auster der auster der atmosfäre
aus der atmosfäre der atmosfäre der auster

mit schnelligkeit und wut

niemand kennt den ursprung des mädchens
niemand weiß wohin es geht

bäume im forst
bäume im forst
bäume im forst
schmelzet
bäume im forst
schmelzet
zu schwach
metall
zu schwach
metall
o schwach
metall
zu schwach
metall
o zu schwach
metall
o du
zu schwach
o du
zu schwach
o du
zu schwach

bäume im forst
bäume im forst
bäume im forst

und seine gewalt vernichtet im blick
und seine gewalt vernichtet in den augen
und seine gewalt vernichtet in den augen

baum

ein
doo
ein
doo
dooschlogdadoo
dooschlogdadoo
ein
doo
ein
doo
dooschlogdadoo
dooschlogdadoo
dooschlogdadoo
dooschlogda
ein
doo
ein
doo
dooschlogda
dooschlogda
ein
doschlogdadood
dooschlogda
ein
doschlogdadood
dooschlogda
ein
doschlogdadood
doschlogdadood
doschlogdadood
dooschlogda
dooschlogda
doo
schloogda
doo
schloogda
doo
doo
doo
ein
doo

kaum aber hat sich der blitz entladen so sehen wir

nichts mehr von ihm

er ist erloschen
er ist erloschen

9   jahreszeiten

springbrunnen

die blumen haben namen um, die parkbänke rodeln unter den doppelkinnen der liebespaare, die wolken tanken blaues benzin und jagen mit fliegenden krawatten über den himmel. aus den astlöchern der straßenbahnkontrollore schlüpfen honigfrische schmetterlinge, spucken einander in die schnurrbärte und drehen daraus eine drahtseilbahn. zwei matratzen wiehern plötzlich wie kühe und werden von einem amtsrat in die mütze gemolken. hölzerne knaben werden über nacht zu vaselinlöwen und brüllen wie kandelaber, die mädchen essen mit stimmgabeln, und die stecknadelköpfe der professoren gehen in den halskrausen der gänseblümchen unter.

der atlas

der atlas
muß
den globus
tragen
auf dem

der major
der matador
und ein bataillon barone

blumensträuße
jagen

in weißem hemd
pocht
die trübe nacht

am strand
klagen
die purpurschuh

mein gürtel
dämmert
zum haus zurück

mein boot
spiegelt
im mohnduft

mineralien
irren
hier im wald

aus dem lieben mund
ziehen
duftende becher

die wunderschöne kleine
hängt
im apfelbaum

im staube
gehet
alexis

im

wolken
ticken

es musikt
durch die wand

wolken

ticken

schreiefenstern

des vaters
knie
blickt schon schwächer

die ohren
der kleinen kinder
fallen raschelnd

einsam
welkt
ein meisterstück

ein schneebild

bitter
    bitter schon
bitteschön
    bildschön
          bildschöne puppe
    bittere pupille
bitteschön

schneebild
      mit dem vogel
schneebild
      der vogel
schneebild
      mit dem vogel

weiß weiß weiß weiß weiß ich
blau
bst du mir
grün grün grün grün
grünßen sie ihn von mir
grünßen sie ihn von mir
grünßen sie ihn von mir
vio
letztes mal
vio
letztes mal
rot rot rot rot
schherunter
rot
schherunter
rot
schherunter

    bst

treiben
im schnee
treiben
im schnee
treiben
im schnee
treiben
im schnee
treiben

dezem
    ember
   zember

kalligrafiert

die krähe

10   zehn abend-gedichte

eos

willkommen o
zuckt
neumann
blick her auf mich

als vogel ist er
faul im korb
ich zücke
lava

früh dir rosen
aber du
bist
schultern

bald im blauen
fällt dir
feuer
vor meine füße

das stürmische doch
sucht mich

das stürmische doch
sucht mich im trauern

das stürmische doch
sucht mich

daß ich im trauern
sanft und klar

härte

ein reh

zweier
frauen
baden
dreht
ein reh
aus silbernem papier

spott
um einen kuß
gemauert
bringt
sie
in unsre gräber

flamme
der
warmen
blumen
tret ich hinzu
weil andre
blute
längst vermorscht
sind

nie hab ich

bild
geht
leise

krank
sprüht
durchrann

vögel schar
füllt
strahlen

osten
fegt
wahrer mund

fort
korn
weit wie

fort
korn
wie weit

weit
wie
schiffbruch

wie
weite

zu dir
mich schauen

ich
ging

und meine
ich träume

du

hast es verschuldet
der großen brille
klüften

die sonne hatte
schon die halme
froh

dunklen lichtes voll
geht
nach der erde

deine stille

sinkt

vergessen
der rotbrust
tod

tier und vögel
klagen
niedergang

nagen
lichte

der ärmste
soll
da schloß

eine quelle
seines steigens
wiesen

tauben
in einigen
jahren

ich bin schön
schwellen
lichte

sanft und klar

das stürmische doch
die bei den
fetter grüne du
hast du besser

sucht mich ein
daß dich der
im trauern soll sich
da was mein friedel

sanft und klar
durch dein wort nur
süß ists wenn
saug ich aus

nicht mehr wonach
ein korn von bisam
härte schwand auf
dorthin mit dir

neig dich der
nur noch ein
das ward ihm
herrin wär

ist auch ein
nun nimmermehr
weiß ich wer
wohin die

11   bestiarium

eulen

bist eulen
ja
bin eulen
ja ja
sehr eulen

bist auch eulen
ja
bin auch eulen
sehr eulen
ja ja

will aber nicht mehr eulen sein
bin schon zu lang eulen gewesen

will auch nicht mehr eulen sein
bin auch schon zu lang eulen gewesen

ja
mit dir da
mit dir da auch
bin nicht mehr eulen ja
bin nicht mehr eulen auch
ja ja
ja ja auch

doch wer einmal eulen war
der wird eulen bleiben immer
ja

ja ja

ernst jandls weihnachtslied

machet auf den türel
machet auf den türel
dann kann herein das herrel
dann kann herein das herrel
froe weihnacht
froe weihnacht
und ich bin nur ein hund
froe weihnacht
froe weihnacht
und ich bin nur ein hund

auf dem land

rinininininininDER
brüllüllüllüllüllüllüllüllEN

schweineineineineineineinE
grunununununununZEN

hunununununununDE
bellellellellellellellellEN

katatatatatatatatZEN
miauiauiauiauiauiauiauEN

katatatatatatatER
schnurrurrurrurrurrurrurrEN

gänänänänänänänSE
schnattattattattattattattERN

ziegiegiegiegiegiegiegEN
meckeckeckeckeckeckeckERN

bienienienienienienEN
summummummummummummEN

grillillillillillillillEN
ziririririririrPEN

fröschöschöschöschöschöschE
quakakakakakakakEN

hummummummummummummummELN
brummummummummummummummEN

vögögögögögögögEL
zwitschitschitschitschitschitschERN

143

viel
vieh
o
so
viel
vieh
so
o
so
vieh
sophie
o
sophie
so
solo
sophie
solo
so
o
so
solo
sophie
o
so
viel
vieh
sophie
o
so
solo
sophie
o
so
viel
sophie
so
viel
vieh
o
sophie
so
viel
o
sophie

o
so
viel
vieh
o
sophie
so
viel
o
sophie
so
viel
o
sophie
so
viel
vieh
o
sophie
o
so
viel
o
sophie
viel
o
sophie
viel
o
o
sophie

die klinke des pinguins

der fuß die blume das horn der bach die bühne die feder der mond das brot der pelz die uhr der krebs das geld die schnalle der blitz die glocke das nest die gabel der teppich das pendel der mantel die zunge die kugel der herbst die schlinge das pult der kater die taste der sand die trompete die wiese der zwirn das schwert die rübe der bock der besen die spinne der kübel die sonne der hund der brunnen die amsel das kompott der henkel die zehe die schnecke der schein das ohr die schnur die pupille die drossel die schere der keller das florett die küste die achsel der hammer die geige der ziegel das schiff die birne der schlüssel die peitsche der kalender der fisch der frack das kreuz der zahn der wein das kamel die melone das lied das geweih der baum die forelle die sichel der regen die daune das glas das kinn die zinke das echo der tee der kuß das blei der daumen die hummel das fleisch der tenor die wüste das ei die fahne der bastard die lücke das zebra das rätsel der lift die seele die milch der ball die treppe der frosch der faden die jause die klinke der pinguin

beim fuß ohne blume mit dem horn beim bach ohne bühne mit der feder beim mond ohne brot mit dem pelz bei der uhr ohne krebs mit dem geld bei der schnalle ohne blitz mit der glocke beim nest ohne gabel mit dem teppich beim pendel ohne mantel mit der zunge bei der kugel ohne herbst mit der schlinge beim pult ohne kater mit der taste beim sand ohne trompete mit der wiese beim zwirn ohne schwert mit der rübe beim bock ohne besen mit der spinne beim kübel ohne sonne mit dem hund beim brunnen ohne amsel mit dem kompott beim henkel ohne zehe mit der schnecke beim schein ohne ohr mit der schnur bei der pupille ohne drossel mit der schere beim keller ohne florett mit der küste bei der achsel ohne hammer mit der geige beim ziegel ohne schiff mit der birne beim schlüssel ohne peitsche mit dem kalender beim fisch ohne frack mit dem kreuz beim zahn ohne wein mit dem kamel bei der melone ohne lied mit dem geweih beim baum ohne forelle mit der sichel beim regen ohne daune mit dem glas beim kinn ohne zinke mit dem echo beim tee ohne kuß mit dem blei beim daumen ohne hummel mit dem fleisch beim tenor ohne wüste mit dem ei bei der fahne ohne bastard mit der lücke beim zebra ohne rätsel mit dem lift bei der seele ohne milch mit dem ball bei der treppe ohne frosch mit dem faden bei der jause ohne fuß mit der blume beim horn ohne bach mit der bühne bei der feder ohne mond mit dem brot beim pelz ohne uhr mit dem krebs beim geld ohne schnalle mit dem blitz bei der glocke ohne nest mit der gabel beim teppich ohne pendel mit dem mantel bei der zunge ohne kugel mit dem herbst bei der schlinge ohne pult mit dem kater bei der taste ohne sand mit der trompete bei der wiese ohne zwirn mit dem schwert bei der rübe ohne bock mit dem besen bei der spinne ohne kübel mit der sonne beim hund ohne brunnen mit der amsel beim kompott ohne henkel mit der zehe bei der schnecke ohne schein mit dem ohr bei der schnur ohne pupille mit der drossel bei der schere ohne keller mit dem florett bei der küste ohne achsel mit dem hammer bei der geige ohne ziegel mit dem schiff bei der birne ohne schlüssel mit der peitsche beim kalender ohne fisch mit dem frack beim kreuz ohne zahn mit dem wein beim kamel ohne melone mit dem lied beim geweih ohne baum mit der forelle bei der sichel ohne regen mit der daune beim glas ohne kinn mit der zinke beim echo ohne tee mit dem kuß beim blei ohne daumen mit der hummel beim fleisch ohne tenor mit der wüste beim ei ohne fahne mit dem bastard bei der lücke ohne zebra mit dem rätsel beim lift ohne seele mit der milch beim ball ohne treppe mit dem frosch beim faden ohne jause mit dem fuß bei der blume ohne horn mit dem bach bei der bühne ohne feder mit dem mond beim brot ohne pelz mit der uhr beim krebs ohne geld mit der schnalle beim blitz ohne glocke mit dem nest bei der gabel ohne teppich mit dem pendel beim mantel ohne zunge mit der kugel beim herbst ohne schlinge mit dem pult beim kater ohne taste mit dem sand bei der trompete ohne wiese mit dem zwirn beim schwert ohne rübe mit dem bock beim besen ohne spinne mit dem kübel bei der sonne ohne hund mit dem brunnen bei der amsel ohne kompott mit dem henkel bei der zehe ohne schnecke mit dem schein beim ohr ohne schnur mit der pupille bei der drossel ohne schere mit dem keller beim florett ohne küste mit der achsel beim hammer ohne geige mit dem ziegel beim schiff ohne birne mit dem schlüssel bei der peitsche ohne kalender mit dem fisch beim frack ohne kreuz mit dem zahn beim wein ohne kamel mit der melone beim lied ohne geweih mit dem baum bei der forelle ohne sichel mit dem regen bei der daune ohne glas mit dem kinn bei der zinke ohne echo mit dem tee beim kuß ohne blei mit dem daumen bei der hummel ohne fleisch mit dem tenor bei der wüste ohne ei mit der fahne beim bastard ohne lücke mit dem zebra beim rätsel ohne lift mit der seele bei der milch ohne ball mit der treppe beim frosch ohne faden mit der jause bei der klinke ohne pinguin

die fußblume das blumenhorn der hornbach die bachbühne die bühnenfeder der federmond das mondbrot der brotpelz die pelzuhr der uhrenkrebs das krebsgeld die geldschnalle der schnallenblitz die blitzglocke das glockennest die nestgabel der gabelteppich das teppichpendel der pendelmantel die mantelzunge die zungenkugel der kugelherbst die herbstschlinge das schlingenpult der pultkater die katertaste der tastensand die sandtrompete die trompetenwiese der wiesenzwirn das zwirnschwert die schwertrübe der rübenbock der bockbesen die besenspinne der spinnenkübel die kübelsonne der sonnenhund der hundebrunnen die brunnenamsel das amselkompott der kompotthenkel die henkelzehe die zehenschnecke der schnek- kenschein das scheinohr die ohrschnur die schnurpupille die pupil-

lendrossel die drosselschere der scherenkeller das kellerflorett die
florettküste die küstenachsel der achselhammer die hammergeige der
geigenziegel das ziegelschiff die schiffsbirne der birnenschlüssel die
schlüsselpeitsche der peitschenkalender der kalenderfisch der fisch-
frack das frackkreuz der kreuzzahn der zahnwein das weinkamel die
kamelmelone das melonenlied das liedgeweih der geweihbaum die
baumforelle die forellensichel der sichelregen die regendaune das
daunenglas das glaskinn die kinnzinke das zinkenecho der echotee
der teekuß das kußblei der bleidaumen die daumenhummel das
hummelfleisch der fleischtenor die tenorwüste das wüstenei die
eifahne der fahnenbastard die bastardlücke das lückenzebra das
zebrarätsel der rätsellift die liftseele die seelenmilch der milchball die
balltreppe der treppenfrosch der froschfaden die fadenjause die
jausenklinke der klinkenpinguin

auf dem fuß der blume und unter dem horn des baches auf der bühne
der feder und unter dem mond des brotes auf dem pelz der uhr und
unter dem krebs des geldes auf der schnalle des blitzes und unter der
glocke des nestes auf der gabel des teppichs und unter dem pendel
des mantels auf der zunge der kugel und unter dem herbst der schlinge
auf dem pult des katers und unter der taste des sandes auf der trompete
der wiese und unter dem zwirn des schwertes auf der rübe des bockes
und unter dem besen der spinne auf dem kübel der sonne und unter
dem hund des brunnens auf der amsel des kompotts und unter dem
henkel der zehe auf der schnecke des scheines und unter dem ohr der
schnur auf der pupille der drossel und unter der schere des kellers auf
dem florett der küste und unter der achsel des hammers auf der geige
des ziegels und unter dem schiff der birne auf dem schlüssel der
peitsche und unter dem kalender des fisches auf dem frack des
kreuzes und unter dem zahn des weines auf dem kamel der melone und
unter dem lied des geweihs auf dem baum der forelle und unter der
sichel des regens auf der daune des glases und unter dem kinn der
zinke auf dem echo des tees und unter dem kuß des bleis auf dem
daumen der hummel und unter dem fleisch des tenors auf der wüste
des eies und unter der fahne des bastards auf der lücke des zebras und
unter dem rätsel des lifts auf der seele der milch und unter dem ball der
treppe auf dem frosch des fadens und unter der jause der klinke auf
dem pinguin

pinguinklinken klinkenjausen jausenfäden fadenfrösche frosch-
treppen treppenbälle ballmilch milchseelen seelenlifte lifträtsel rätsel-
zebras zebralücken lückenbastarde bastardfahnen fahneneier
eiwüsten wüstentenöre tenorfleisch fleischhummeln hummeldaumen
daumenblei bleiküsse kußtee teeechos echozinken zinkenkinne

kinngläser glasdaunen daunenregen regensicheln sichelforellen forellenbäume baumgeweihe geweihlieder liedmelonen melonenkamele kamelweine weinzähne zahnkreuze kreuzfräcke frackfische fischkalender kalenderpeitschen peitschenschlüssel schlüsselbirnen birnenschiffe schiffsziegel ziegelgeigen geigenhämmer hammerachseln achselküsten küstenflorette florettkeller kellerscheren scherendrosseln drosselpupillen pupillenschnüre schnurohren ohrenscheine scheinschnecken schneckenzehen zehenhenkel henkelkompotte kompottamseln amselbrunnen brunnenhunde hundssonnen sonnenkübel kübelspinnen spinnenbesen besenböcke bockrüben rübenschwerter schwertzwirne zwirnwiesen wiesentrompeten trompetensand sandtasten tastenkater katerpulte pultschlingen schlingenherbste herbstkugeln kugelzungen zungenmäntel mantelpendel pendelteppiche teppichgabeln gabelnester nestglocken glockenblitze blitzschnallen schnallengeld geldkrebse krebsuhren uhrenpelze pelzbrote brotmonde mondfedern federbühnen bühnenbäche bachhörner hornblumen blumenfüße

seit der fuß für die blume mit dem horn beim bach hinter der bühne ohne feder den mond um brot im pelz nach der uhr an krebs wegen geld anstatt der schnalle zugunsten des blitzes innerhalb der glocke zwischen nest und gabel ungeachtet des teppichs auf dem pendel unterhalb des mantels oberhalb der zunge als kugel gegen den herbst der schlinge halber samt pult und kater um der taste willen deren sand für die trompete mit der wiese beim zwirn hinter dem schwert ohne rübe den bock um einen besen in der spinne nach dem kübel an der sonne wegen eines hundes anstatt des brunnens zugunsten der amsel innerhalb des kompottes zwischen henkel und zehe ungeachtet der schnecke auf dem schein unterhalb des ohres oberhalb der schnur als pupille gegen die drossel der schere halber samt keller und florett um der küste willen obwohl die achsel für den hammer mit der geige beim ziegel hinter dem schiff ohne die birne den schlüssel um eine peitsche im kalender nach dem fisch an einem frack wegen eines kreuzes anstatt des zahnes zugunsten des weines innerhalb des kamels zwischen melone und lied ungeachtet des geweihs auf dem baum unterhalb der forelle oberhalb der sichel als regen gegen die daune des glases halber samt kinn und zinke um des echos willen wodurch der tee für den kuß mit dem blei beim daumen hinter der hummel ohne fleisch den tenor um eine wüste im ei nach der fahne an einem bastard wegen einer lücke anstatt des zebras zugunsten des rätsels innerhalb des lifts zwischen seele und milch ungeachtet des balles auf der treppe unterhalb des frosches oberhalb des fadens als jause gegen die klinke des pinguins

unendlich
unentbehrlich
unentgeltlich
die haarnadel einer forelle
die blauen handschuhe einer henne
die mütze einer roten maus

bestiarium

        für gerhard rühm

rrrrrrrrrrrrrrrrrrrrrrrrrrrrrrrrrrrrrrrrrrrrrrrr
au
eise
rauß
weh
zelle
liege
geh
liege
geh
liege
geh
ecke
liege
geh
ecke
liege
rrrrrrrrrrrrrrrrrrrrrrrrrrrrrrrr
ops ops
s————c————h
pfau
au
pfau
au
pfau
au
rrrrrrrrrrrrr
ameise
eise
ameise
eise
ameise
au
pfau
eise
ameise
au
libelle
belle
pfau
au
ameise
eise

belle
libelle
belle
libelle
belle
s————c————h
fliege
liege
geh
fliege
liege
geh
liege
geh
liege
geh
zelle
gazelle
gazelle
gazelle
liege
geh
liege
geh
ameise
fliege
pfau
belle
fliege
eise
` libelle
au
belle
gazelle
fliege
gazelle
zelle
zelle
gazelle
geh
liege
geh
rrrrrrrrrrrrrrrrrrrrrrrrrrrrrrr
bär

rrrrrrrrrrrrr
bär
rrrrrrrrrrrrr
bär
rrrrrrrrrrrrr
bär
rrrrrrrrrrrrr
ameise
eise
zelle
gazelle
libelle
belle
fliege
liege
geh
schnecke
ecke
ameise
ecke
schnecke
zelle
gazelle
ecke
schnecke
au
pfau
rrrrrrrrrrrrr
hirsch
s————c————h
goldfisch
s————c————h
löwe
weh
löwe
weh
löwe
weh
goldfisch
au
kalb
b
kalb
b b

kalb
s———c———h
ameise
eise
libelle
belle
wurm
rrrrm
wurm
rrrrm
kalb
b b
schnecke
necke
mops
ops ops
löwe
ops ops
löwe
weh
bär
rrrr
bär
rrrr
bär
ops ops
hirsch
au
ameise
eise
mops
ops ops
elch
ch ch ch
löwe
ch ch ch
goldfisch
b
kalb
b b
o o
floh
o o o
floh

o
pfau
au
ameise
eise
libelle
belle
fliege
liege
geh
gazelle
zelle
bär
rrrr
schnecke
ecke
necke
hirsch
s—c—h
goldfisch
s—c—h
löwe
weh
kalb
b b
wurm
rrrrm
mops
ops ops
elch
ch ch ch
floh
o o
ops ops
ch ch ch
rrrrrrrrrrrrrrrrrrrrrrrrrrrr
s————————c————————h
rrrrm
rrrrm
strauß
rauß
aus
maus
b b

12 epigramme

wo bleibb da
hummoooa
wo bleibb da
hummmoooooa
wo bleibb darrr
hummmmmooooooooooa
darrr kööönich vonn
hummmmmmmmoooooooooooooooooooa
rrrrr

risch
risch
risch
risch
lüüüüüüüüüü

gisch
gisch
gisch
gisch
traaaaaaaaaa

flisch
flisch
flisch
flisch
tooooiiiiiiiiiiiiiiii

sisch
sisch
sisch
sisch
muuuuuuuuuu

```
            tee : ein stück



                :
                :
      lieber : tee
                :

   [egal] :
       ich : tee
             :


              :
       fragt :
   [er nie] : tee
              :
```

BESSEMERBIRNEN

als mehr kanonen

wieder ein reuter
und wieder ein reuter
und wieder ein reuter
und wieder ein reuter
was kann man da noch dementieren?

epigramm

brrrrrrrrrrrrrrrrrrrrrrrrrrrrrrrr
imäääääääa
imäääääääa
imäääääääa
imäääääääa
—
affe
—
k t

der vater
kontrolliert
seinen langen

bart

la zeechn u bapp
la zeechn u bapp
iileo zunggi
iileo zunggi
la zeechn u bapp
la zeechn u bapp
iileo zunggi
safftla

verscheuchung zweier farben

```
z
b
rz
lb
arz
elb
warz
gelb
s————c————h
gelb
warz
elb
arz
lb
rz
b
z
```

runzte ber

    kin den übel
    kin den übel
               runzte ber
                runzte ber
dach nem okitus
dach nem okitus
                runzte ber
                runzte ber
o natur
o natur
                kin den übel
runzte ber

schnu

        p

           f

ttabba

k   k   k   k

zweierlei handzeichen

ich bekreuzige mich
vor jeder kirche
ich bezwetschkige mich
vor jedem obstgarten

wie ich ersteres tue
weiß jeder katholik
wie ich letzteres tue
ich allein

lichtung

manche meinen
lechts und rinks
kann man nicht
velwechsern.
werch ein illtum!

psssnt
es pssniest
ein psnychologe

fotografie a. ok.

in zeiten der
trauer lieg
ich auf der
lauer und
freue mich
diebisch
fragt sich nur worübisch

japanische wunderblume

china
kann
kahn
kind

einst
weilen
wasser
lauben

minz den gaawn

minz den gaawn
bill den baud
minz den gaawn
bill den baud
kittl koo
kittl koo
minz den gaawn
gnaz den eschn
ruttl znop

13   klare gerührt

klare [gerührt]
goethe

```
kla
kl            t
k            rt
           hrt
           ührt
k        rührt
```

```
kla
kl              t
k              rt
              hrt
             ührt
k           rührt
kl         erührt
kla       gerührt
klar
```

```
klare  gerührt
klare  gerühr
klare  gerüh
klare  gerü
klare  ger
klare  ge
klare  g
klare
klare
klar   eg erührt
kla    ege rührt
kl     eger ührt
k      egerü hrt
 klar  egerüh rt
 klar  egerühr t
  lar  egerührt
   ar  egerührt
    r  egerühr
       egerüh
       egerü
       eger
       ege
       eg
       e

       e
       eg
       ege
       eger
       egerü
       egerüh
       egerühr
       egerührt
       egerührt
       egerühr
       egerüh
       egerü
       eger
       ege
       eg
       e
  k
   klar
    lar
     ar
      r
```

```
                    hrt
                   ührt
k                  rührt
kl                erührt
kla              gerührt
klar            egerührt
klar            egerührt
kla              gerührt
kl                erührt
k                  rührt
                   ührt
                    hrt
```

```
        e
     r
    ar
    lar
   klar

k
kl
kla
klar

kla



        r e

           gerührt
```

```
            k
            k
            k




                g
       l        g
                g
                g
                g
                g
                g
                g
                g
       l        g              t
       l        g             rt
                g         h    t
       a        g        ü     t
       a        g    r         t
                g   e          t
                 e g           t
                               t
                               t
             e                 t
      a         e              t
                  r            t
                   ü           t
          r        ü  h        t
          r        ü  rt
          r        ü    t
                   ü
                   ü
                   ü
                   ü
                   ü
                   ü



            e
            e




                         t
```

```
k                        t
 l                      t
                         t
                          t
                          t
   a r                    t
   ar                     t
                          t
        e                 t
                          t
                          t
      ar                  t
      ə r                 t
      ar                  t
      ar                  t
      ə r                 t
      ar                  t
                          t
                         t
                         t·
                         rt
                       h  t
                       ü  t
                      r   t
                     e    t
                      g   t
                           t
```

```
      k
       l
        a
         r e
            e
            e
            e        t
             g     r
              e  h
               r ü
                ü
```

```
k
 l
  a
   r e
      e
      e
      e
```

```
      e r
     g  ü
        h
         r
          t
```

```
              klare
              klare
              klare
              klare
              klare
              klare
              klare
              klare
              klare
              klar
              kla
              kl
              k


              k
              kl
              kla            t
              klar          rt
              klar         hrt
              kla         ührt
              kl         rührt
              k         erührt
                       gerührt
                      egerührt
              k       egerührt
              kl       gerührt
              kla       erührt
              klar       rührt
              klar        ührt
              kla         hrt
              kl           rt
              k             t
               klar egerührt
                lar egerühr
                 ar egerüh
                  r egerü
                    eger
                    ege
                  r eg
                 ar e
                lar
               klar
               klar e
                    eg
                    ege
                    eger
                    egerü
                    egerüh
                    egerühr
                    egerührt
                    egerührt
                    egerühr
                    egerüh
                    egerü
                    eger
                    ege
                    eg
               klar e gerührt
```

```
                    t
                   r
                  h
                 ü
                r
               e
              g
           e
           e
           e
           e
           e
           e
      k    e
       l   e
        a  e
         r e
           e
           e
           e
           e
           e
           e
           e
           e
           e
           e
```

```
                t
               r
              h
              ü
       k     r
        l   e
         a g
          r e



       r
      a
     l
    k




           e
          g
         e
          r
           ü
            h
             r
              t
```

```
            gerührt
            gerühr
            gerüh
            gerü
            ger
            ge
            g


            eg
          r ege
         ar eger
        lar egerü
       klar egerüh
       klar egerühr
        lar egerührt
         ar egerührt
          r egerühr
            egerüh
            egerü
          r eger
         ar ege
        lar eg
       klar e
       klar
        lar
         ar e
          r eg
            ege
            eger
          r egerü
         ar egerüh
        lar egerühr
       klar egerührt
       klar egerührt
       k              t
```

```
kla
kl                t
k                rt
               hrt
               ührt
k             rührt
kl           erührt
kla         gerührt
klar       egerührt
klar       egerührt
kla         gerührt
kl           erührt
k             rührt
               ührt
               hrt
k                rt
kl                t
kla
klar
```

```
  r   e
 ar   eg
lar   ege
klar  eger
klar  egerü
 lar  egerüh
  ar  egerühr
   r  egerührt
      egerührt
      egerühr
   r  egerüh
  ar  egerü
 lar  eger
klar  ege
klar  eg
 lar  e
  ar
   r
        e
```

                        hrt
                         rt
                          t

                          t
                         rt
                        hrt

    kla
    kl
    k

    k
    kl
    kla

        r
       ar
      lar
                          t
                         rt
    k   hrt
    kl
    kla

          e
          eg
          ege

                        hrt
                         rt
                          t

                        hrt
                         rt
                          t

```
k
                    t
k
        r           t

        r

k
            e

k
            e
        r


        r

k                   t

k                   t

        r


        r
            e
k

            e
k

        r


        r       t
k
                t

k

        r
            e
        r
k       e

k

        r           t

        r           t
```

verstreute gedichte 2

still
zertritt
still
zertritt
drei
dreieinhalb
still
zertritt
drei
still
einhalb
zertritt
still
zertritt
dreidreiviertel

manchmal schreibe ich
auf dem weg durch die abendliche kärntnerstraße
einen film
der mich so reich macht
daß ich dir alle schätze dieser schaufenster zu füßen legen kann

und damit mir meine freunde nicht böse sind
bleibe ich stets literarisch
»hebbel in wien«, »der arme lenau«
oder
»das seltsame leben des anastasius grün«

viele züge fahren nach paris, während

mein spaziergang fährt nach paris, während du nach paris fährst
dieses weinglas fährt nach paris, während du nach paris fährst
auch mein bett fährt nach paris, während du nach paris fährst
selbst der mond fährt nach paris, während du nach paris fährst

aber alle diese züge sind unverläßlich

mein spaziergang fährt bis zu jenem weinglas nach paris
                und fällt ins weinglas
dieses weinglas fährt bis zu meinem bett nach paris
                und fällt ins bett
auch mein bett fährt bis zum mond nach paris
                und fällt in einen krater
selbst der mond fährt nach paris
                und fällt in den fensterrahmen

der fluß läuft
brücken stehen
schiffe vertrauen
und das meer wartet

3 aphorismen

1

    pritschel
    blink
            bonbon
    frei
fern
    fiedel

2

    dünnkrieg
          löcher licht
          liliweiss
    drehkrieg

3

    bellenden
          südsee
          süsse
    zack zick
        sing
    pflock

der schweizergardist

ein landschaftsgreis vernimmt die botenschaft
der übelsiedler aus dem minstrelstand
mit finstern händen. durch sein nörgelband
drückt ihn der lauschezweig, am zweifelsaft
halb-halb entschlafen. schnabelrümpfig klafft
sein hauseweib gemach am spindelrand.
es hindert ihn kein brotkrieg, überwand
er japan doch im sinn der eierkraft.
bleisamen blieben freilich oft auch ihm
am beil, wenngleich an seiner rockestracht
kein wasenmeister je die kerze kniff.
sogar den klopfbalkon schlägt er sublim
im seidelbast. und mit den faunen macht
er fahnen kleckrig, weißlichgelb, mit griff.

perlfang

verwurzelt im geburtssalon, entspinnt
ein kühler jammer ihr den vierten zopf
ganz früchterein. doch zweimal schreit sie: klopf
eh dir der kutscher von der karre rinnt,
damit das pferd nicht niederträgt. so sinnt
sie durch den arztballon, der auf den topf
das zwitscherfleisch ihr stemmt. den weichen kopf,
entkernt, entstirnt, entzähnigt und entkinnt,
wirft schwester klara in ein butterfaß,
worauf das quietschen steiler wird. getrennt
von ihrem superintendenten, fließt
ihr leibestrank ins firmenzelt. glitschnaß
brrrrn die sterne. doch dann wird gepennt
ewiglich. nur die nase im bottich niest.

zertretener mann blues

ich kann die hand nicht heben hoch zum gruß, schau her:
ich kann die hand nicht heben hoch zum gruß.
  wo ich doch weiß, wie schlimm das enden muß.

da steht der braune mann vor mir und schlägt. schau nur:
da steht der braune mann vor mir und schlägt.
  diesmal heb ich die hand, jedoch zu spät.

ich krieche mit zerdroschenem gesicht. schau weg:
ich krieche mit zerdroschenem gesicht
  vor meinem schlächter, doch ich bettel nicht.

ein stiefelriese tanzt auf meinem bauch. hilf mir:
ein stiefelriese tanzt auf meinem bauch.
  ich fresse feuer, und ich bettel auch.

bald fällt ein knochensack ins massengrab. ho ruck:
bald fällt ein knochensack ins massengrab.
  dann bin ich, wo ich meine freunde hab.

heute

heute verdecken die entdeckung der zukunft, vertuchen, vertuschen.
heute den plünderern vernageln den weg, die särge versiegeln.
heute den denkstein metzen, das trauerlied murmeln, blumiges büscheln.
heute den erben krönen und thronen, einsetzen zum staub über den staub.

nach schluß

keiner breitet ein tuch über dieses schreckliche ergebnis
aber es ist ja nicht weit und breit ein auge, vor dem es
zu verbergen gälte solchen anblick. auch sind nicht vonnöten
masken gegen die erstickenden gase; sind ja doch
lungen weit und breit, sie einzuatmen, nicht vorrätig.
und vergebens treiben die winde zu neuer schlacht, wo weit und breit
endlich nicht ist ein einziger feind mehr, heere des staubes.

erstarrt gegenüber

die öligen schergen einer bestialischen vergangenheit
stehen mit kreuzen, bibeln und bomben
den bestialischen schergen einer unausdenkbaren zukunft
erstarrt gegenüber.

erstarrt gegenüber
den öligen schergen einer bestialischen vergangenheit
stehen mit hämmern, sicheln und bomben
die bestialischen schergen einer unausdenkbaren zukunft.

wald und fabrik

der grüne wille des forstes
wird geaxtet. zusammengeschellt
faltet sich ins kirchholz
volk. schwere schwalben
schweben über dem fließband.
schornstein und föhre
fassen einander ins auge.

börse

die fliege saß auf haut.
verjagt hat sie das rind.
die fliege ist schon tot,
und tot ist auch das rind.

doch lebt der brave mann,
der mir von dieser haut
die börse flink genäht,
darin mein kleingeld klingt.

wasser

der hagel zertritt des landmanns brot.
der dicke fluß frißt ganze häuser auf.
seeleute zerbeißt das meer mit den haifischzähnen.
wer von wasser berichtet, benötigt ein wort für tod.

der waldquell kühlt den wanderer und das reh.
der regen füttert die felder und fluren satt.
das licht aus den stauseen strömt in die finsteren nachtstädte.
wer von leben berichtet, benötigt ein wort für wasser.

nach der ernte

das gras ist gemäht
das getreide ist geschnitten
die bäume sind gefällt
das vieh ist geschlachtet
jetzt ist es zeit
zu tanzen

ein schulmädchen

die ferien sind alle
die schule ist die falle
ich bin die kleine maus
der lehrer sieht wie käse aus

ausgang

ich rannte fort und wuchs
von straßeneck zu straßeneck,
bis ich als riese dastand,
den kirchturm in der hand.

ich drehte um, nahm ab
von straßeneck zu straßeneck,
war zwerg beim haus und sprang
zur klinke hoch als maus.

bier

ein nasser ring auf der tischplatte
ist alles, was von dir bleibt,
wenn dein glas in den eimer getaucht wird,
damit es an dich nicht erinnert.

die kellnerin wischt mit dem fetzen
den nassen ring von der tischplatte,
trippelt mechanisch zur ausschank,
zapft bier ab für andere gäste.

bruder

wer also bruder! schrei,
mein nicht den bruder
der aus der gleichen mutter gleichem leib
gestoßen ward in unsre höllen.
denn dieser bruder ist der kain!
mein er aber den andren
den im geistigen
der auf der wüsten heißestem grund
sitzet und gar bruder! denket,
solcher hat bezogen den schrei
auf ein richtiges auch.
obschon...

an mein haus

das haus
als das man dich gekannt hatte
einstige ruine
hat in dir überdauert;
es hat die ruine überdauert
als die man dich kannte.

die ruine
als die man dich kannte
haus
überdauert in dir;
sie überdauert das haus
als das man dich kennt.

laterne, hinter bäumen

ich, laterne, verwalte,
von baumkronen gedeckt,
den nachlaß der vielen nächte,
die an den kreuzen der scheinwerfer vergingen.
mögen die nachfahren blättern darin.

entstehung der orangen

der mantel trägt das kind
vom dritten stock in schnee.

der schnee ist in der stadt
und trägt zur feier schwarz.

das kind steckt seine hand
spitz in den schwarzen schnee.

es nimmt für einen ball
und wirft den ball in graue höh.

der ball nimmt gegen süd
den unbeirrten kurs.

sizilien ist sein ziel,
weil dort die sonne steht.

die sonne ist ein großmaul.
da fällt der ball hinein.

die sonne spuckt sehr aus.
da fliegen tausend rote hennen auf.

die hennen sind ein heer.
das fliegt nach norden zu.

sie werden immer mehr
und fallen auf die stadt,

aus der das kind den schnee
hinausgeworfen hat.

die kisten stehn bereit
und der orangenhändler schreit:

    orangen! orangen!
    kauft meine orangen,
    schöne rote hennen
    direkt aus dem stall
unserer lieben sonne von sizilien.

ins theater

vater und kind
gehen ins theater.

wenn sie dort sind
beginnt das stück.

ist es aus
gehen sie zurück.

das war ein applaus!
sagen sie zur mutter.

ein anderes mal...

mutter und kind
gehen ins theater.

wenn sie dort sind
beginnt das stück.

ist es aus
gehen sie zurück.

das war ein applaus!
sagen sie zum vater.

ein anderes mal...

vater mutter und kind
gehen ins theater.

wenn sie dort sind
beginnt das stück

ist es aus
gehen sie zurück.

das war ein applaus!
sagen sie zu einander.

ein anderes mal...

das kind
geht ins theater.

wenn es dort ist
beginnt das stück.

ist es aus
geht das kind zurück.

das war ein applaus!
sagt es zu den eltern.

listen

ein schales maien fieberte sich auf
schuppte sich ab von schwacher junibrust
lief grätschend nach dem fetten julius
zog sickernd durch die fahnen des august
und ölte die septembertümpel blau

dort hockte otto in geborgten locken
nannte sich nora mit den vielen bürsten
daraus der eber zerrt die strähne mut
mit der sein zahn den lauf des jägers säumt

durchstarrte februar noch eis nach trautem
warf schon die märzin erde scheitelhoch
doch alle übertraf an list april

hans der geiger

am geigenbisse siecht
der johann blaß dahin

er hatte sie am kinn
die sanfte schlummerin

er kratzte ihren nerv
damit sie schnurre lind

da riß sie plötzlich auf
den zippverschluß des schlafs

wild wuchs daraus ein zahn
fuhr tief in johanns stirn

mars

das männchen schreit: marschmarsch!
vom boden aufspringt mars.

hinlegen! schreit es dann.
zu boden hinfällt mars.

das männchen schreit: hinein!
mars muß schon drinnen sein.

es schreit sodann: heraus!
da turnt sich mars heraus.

das männchen schreit: ein stern!
mars hängt an seiner brust.

das männchen schreit: ich gott!
und ist zerstampft.

so hat sich mars gezeigt.

aspang, n. ö.

halt umschau hier und kurze rast
so über dir der himmel blau
bis du es still genossen hast
das schöne tal im wechselfrau

das hundelvieh

        für friederike mayröcker

gar traurig geht das hundelvieh
auf einer zeh und einem knie

—

verloren leckt das hundelvieh
am roten fleck der masturbie

—

zerbrechlich ist das hundelvieh
drum wirf es aus dem fenster nie

—

nach lorbeer lechzt das hundelvieh
und preßt die hohe stirn ans knie

—

sehnsucht erfaßt das hundelvieh
nach menschenstimme oft doch nie

—

ich schlafe mit dem hundelvieh
nicht immer sondern da und hie

—

unruhig begießt das hundelvieh
ein knisterndes laternenknie

—

endlich verwächst dem hundelvieh
zu gleichem stumpf das er und sie

—

nach frieden lechzt das hundelvieh
doch ohne gott findt es ihn nie

vaters farm

der vater dreht den harten bart
er hat der kranken katze leber gebracht
das pferd hat schwarze schatten an den flanken
das lange schaf hebt wehklagen an
der jagdwagen wackelt

fünf

1 (ein gewisses nieseln)

die wiese ist im frischen strich.
vier kinder kriechen hinter sich.
so ist es nach dem winter.

2 (der wirt emil)

emil der wirt rief die kellnerin ins zimmer.
der riegel hielt wie besessen.
inzwischen strich sich die wirtin milch ins gesicht.

hier riefen die kinder: hilfe hilfe.
zwiebeln indes ließ emil immer dicht verschließen
denn niesen ist nicht sein gewisser trick.

3 (brieflich)

vielen schrieb sie briefe.
sie legte die liste ins bett
bis sie schlief.

4 (fabers marthas erster abend)

abends gab es rhabarber.
faber war zarter als martha.
er warf harte waffeln ans glas.
martha hatte lang daran gewartet.

5 (der letzte abend)

erst lachte er
dann dachte er an warzen.

daher gab es krach am letzten abend.

körperfragen

ist nicht sein rechtes auge recht ein auges rechtes auge?
ist nicht sein linkes ohr link ein ohres linkes ohr?
ist nicht sein rechtes bein recht ein beines rechtes bein?
ist nicht sein linker fuß link ein fußer linker fuß?
ist nicht sein rechter arm recht ein armer rechter arm?

Anmerkung des Autors zu Band 2

Wenn ich je ein Gedichtbuch sorgfältig durchkomponierte, dann »Laut und Luise«, das der Schweizer Walter-Verlag 1966 als Walter-Druck 12, herausgegeben von Helmut Heißenbüttel und Otto F. Walter, auf den Markt warf – wieder als Tausenddruck, aber diesmal bibliophil und viel zu teuer für die Studenten, die mich damals schon zu ihrem Autor erkoren hatten. Daß zwischen meinem ersten Buch und diesem, 1963 im Manuskript bereits fertiggestellt, zehn Jahre verstreichen mußten, hatte gute Gründe.
Für die vorwiegend realistischen Gedichte in der Art der »Anderen Augen« ging mir 1955 der Atem aus. 1956 erfolgte die Wende, die mir die Fortsetzung meiner Produktion einzig ermöglichen konnte. Ansatzpunkte fand ich nun beim jungen Johannes R. Becher, bei August Stramm, beide mir seit Jahrzehnten bekannt, bei Eugen Gomringer, E. E. Cummings und Gertrude Stein. Ihr huldigte ich durch meine »prosa aus der flüstergalerie« vom März 1956, meinem ersten entscheidenden Schritt in die neue Richtung. Friederike Mayröcker, Artmann und Rühm zollten meinem Vorstoß auf unmarkiertes Gelände Applaus, Friedrich Achleitner verzog sein Gesicht, und die Kulturgewalttäter der österreichischen Nachkriegszeit brachen über mich den Stab.
»verstreute gedichte 2« belegen die wiederholten Versuche, den gefahrvollen neuen Weg durch kurzes Verweilen auf den Oasen frühen Glücks zu mildern.

Ernst Jandl

inhalt

Laut und Luise

   1   mit musik

9   blüh (16.3.57)
10 chanson (14.4.57)
12 andantino (7.4.56)
13 ohren im konzert (7.4.56)
14 pi (6.57)
15 canzone (6.57)
16 etüde in f (6.57)
18 calypso (2.11.57)
19 weltgebräuche (3.63)

   2   volkes stimme

23 die mutter und das kind (57)
24 die tassen (6.57)
26 16 jahr (12.5.57)
27 bäää (19.4.57)
28 doixannda (2.5.57)
30 doodngroowaaaaaaaaaa (21.4.57)
31 doode (21.4.57)
32 tohuwabohu (6.57)
36 koots (17.4.57)
37 talk (18.4.57)

   3   krieg und so

41 ode auf N (13.3.57)
44 treidelweg (15.2.57)
45 wie fast (4.3.56)
46 wien: heldenplatz (4.6.62)
47 schtzngrmm (19.4.57)
48 hauuuuuuuuuuuuuuuuuuu (19.4.57)
49 onkel toms hütte (6.57)
50 fragment (57)
51 feuer (3.3.57)
52 die tränen (57)
53 falamaleikum (14.7.58)

    4   doppelchor

57   erschaffung der eva (15., 16. 9. 57)
58   doppelchor (6. 5. 56)
59   sieben kleine geschichten (10. 2. 58)
60   flichtinge begegnung (57)
61   dER RITTER (15. 3. 57)
62   so
63   du warst zu mir ein gutes mädchen

    5   autors stimme

67   jeeeeeeeeeeeeeeeeeeeeeeeeee (29. 5. 57)
68   s————————c————————h (58)
69   blammmmm (19. 4. 57)
70   glllllllllllllli (29. 5. 57)
71   i (29. 5. 57)
72   leeeeeeeeee (58)
73   rrreeeeeeeeee (58)
74   mein (58)

    6   kleine erdkunde

77   amsterdam (4. 56)
78   niagaaaaaaaaaaaaaaaaa (57)
79   bericht über malmö (57)
83   prosa aus der flüstergalerie (3. 56)
89   drei städte
     ein theaterstück in zwei akten
     und einem nachspiel (7. 3. 58)

    7   kuren

95   stilton cheese (17. 4. 57)
96   boooooooooooooooooooooo (19. 4. 57)
97   wasser (26. 2. 57)
99   einganzeslavoireinganzesla (15. 4. 57)
100   bitteschneu (20. 4. 57)
102   drei visuelle lippengedichte (57)

105   8   der blitz (10. 4. 57)

9 jahreszeiten

- 117 springbrunnen (9.4.56)
- 118 der atlas (15.3.57)
- 119 in weißem hemd (30.3.57)
- 120 mineralien (30.3.57)
- 121 im (17.3.57)
- 122 des vaters (30.3.57)
- 123 ein schneebild (4.62)
- 124 treiben (20.3.57)
- 125 dezem (15.12.57)

10 zehn abend-gedichte (28.3.57)

- 129 eos
- 130 das stürmische doch
- 131 ein reh
- 132 nie hab ich
- 133 fort
- 134 zu dir
- 135 du
- 136 sinkt
- 137 der ärmste
- 138 sanft und klar

11 bestiarium

- 141 eulen
- 142 ernst jandls weihnachtslied (13.12.59)
- 143 auf dem land (13.2.63)
- 144 viel (22.4.57)
- 146 die klinke des pinguins (7.57)
- 150 unendlich (4.3.56)
- 151 bestiarium (2.57)

12 epigramme

- 159 wo bleibb da (19.4.57)
- 160 risch (3.9.57)
- 161 tee: ein stück (23.9.57)
- 162 BESSEMERBIRNEN
- 163 wieder ein reuter
- 164 epigramm (29.5.57)
- 165 der vater (57)

166 la zeechn u bapp (18.4.57)
167 verscheuchung zweier farben (12.5.57)
168 runzte beer (6.57)
169 schnu (11.2.58)
170 zweierlei handzeichen (12.9.58)
171 lichtung
172 psssnt (57)
173 fotografie a. ok. (13.11.58)
174 japanische wunderblume (25.11.61)
175 minz den gaawn (18.4.57)

177 13 klare gerührt (24.–28.3.57)
(zusammengestellt: juli 1963)

verstreute gedichte 2 (1957–1963)

199 still (7.57)
200 manchmal schreibe ich (57 o. 58)
201 viele züge fahren nach paris, während (6.7.58)
202 der fluß läuft (3.9.60)
203 3 aphorismen (11.61)
204 der schweizergardist (62)
205 perlfang (62)
206 zertretener mann blues (62)
207 heute (62)
208 nach schluß (62)
209 erstarrt gegenüber (5.62)
210 wald und fabrik (ca. 62)
211 börse (19.5.62)
212 wasser (31.5.62)
213 nach der ernte (6-)
214 ein schulmädchen (6-)
215 ausgang (20.5.62)
216 bier (6.6.53/20.5.62)
217 bruder (31.5.62)
218 an mein haus (3.8.62)
219 laterne, hinter bäumen (3.8.62)
220 entstehung der orangen (62 oder 63)
221 ins theater (6-)
223 listen (2.3.63)
224 hans der geiger (3.5.63)
225 mars (15.5.63)
226 aspang, n. ö. (7.63)
227 das hundelvieh (7.63)

228 vaters farm (28. 9. 63)
229 fünf (28. 9. 63)
230 körperfragen (5. 10. 63)

231 Anmerkung des Autors zu Band 2

ernst jandl   poetische werke in 10 bänden

herausgegeben von klaus siblewski

band 1	Andere Augen verstreute gedichte 1 deutsches gedicht
band 2	Laut und Luise verstreute gedichte 2
band 3	sprechblasen verstreute gedichte 3
band 4	der künstliche baum flöda und der schwan
band 5	dingfest verstreute gedichte 4
band 6	übung mit buben serienfuss wischen möchten
band 7	verstreute gedichte 5 der versteckte hirte die bearbeitung der mütze
band 8	der gelbe hund selbstporträt des schachspielers als trinkende uhr
band 9	idyllen stanzen
band 10	peter und die kuh die humanisten Aus der Fremde

luchterhand